MÉMORANDUM

POUR LA

SESSION DE 1830.

Dieu fit du souvenir, la raison des mortels.

PARIS,

A. PIHAN DELAFOREST,

Imprimeur de Monsieur le Dauphin et de la Cour de Cassation,

RUE DES NOYERS, Nº 37.

1829.

Du Vote de l'Impôt.
Du Rapport sur le Budget des Dépenses.

L'Assemblée Constituante est portée aux nues,
est traînée dans la boue; qu'importent les phrases?
ce sont les boules qui comptent.

Un instinct commun, l'instinct de domination
entraîne les partis les plus opposés; par quelque
mode, en quelque sens que ce soit, il se satisfait.

A peine introduits dans la salle, les manda-
taires du royalisme, de l'absolutisme même,
tournent en représentans du peuple, ne doutant
nullement de la sagesse, de la puissance de leur
volonté.

Ainsi s'amoncèlent, par un vote presque una-
nime, des précédens chargés de désastres; ainsi
s'établit du fait de ses propres serviteurs, une ju-
risprudence hostile à la couronne.

On refait l'Assemblée Constituante.

Elle se trouvait unique; il lui fallait être tout
ou n'être rien : la fatalité ne fléchit jamais.

Et la Chambre tend à devenir unique, à de-
meurer seule, repoussant en arrière la pairie,
laissant de côté la royauté.

L'argent est le nerf de l'organisation sociale;
le pouvoir qui serre et délie les cordons de la
bourse, se voit souverain.

Encore le vote de l'impôt, tel qu'il est conféré
par la Charte, avait son contre-poids : une chambre
française ne craignait que d'accorder trop peu.

Mais le vote des dépenses, d'autant qu'il est
usurpé, ne connaît point de règles, ne garde aucune mesure. (*Du Rapport sur le Budget*, p. 22.)

Défiant parce qu'il est aveugle, insolent parce
qu'il fut vainqueur, il a imposé les spécialités, il
tente les spécifications.

Dès-lors la chambre administre, gouverne,

règne : une fois la route ouverte, elle ne manquera pas d'être frayée, d'être battue.

L'homme n'est que vanité, et la vanité est à double face, lui donnant raison en ce qu'il veut, lui portant jouissance en ce qu'il fait.

Aussi voyez la commission en tête et la chambre à sa suite, l'une à l'envi de l'autre, empiéter d'année en année, se fortifier sur le terrain envahi, se préparer à des incursions de plus en plus hardies.

Décemment on ne peut parler que de la commission, qui du moins conçoit un plan, saisit un but.

Il est curieux d'observer, dans les rapports de 1828 et de 1829, quelle est la progression des exigences, de remarquer entre les deux rapports, quelle est la divergence des principes.

Tellement qu'en poursuivant ainsi, la manœuvre du gouvernement passerait aux ordres de la chambre et serait exercée dans des sens contraires.

Or, où cela aboutirait-il?

Les écarts consomment la force, les excès commandent la résistance : après l'anarchie, vient le despotisme.

De l'arbitraire à l'absurde, de l'illicite à l'impossible, il n'y a pas si loin : un faux pas pousse à l'abîme.

De même qu'après le régime ministériel du dernier siècle, a surgi de nécessité cette révolution des choses, à laquelle se sont raccrochés quelques noms propres ;

De même après le système soi-disant représentatif de nos temps, surgirait à l'improviste une réaction obligée, une contrevolution machinale, pour parler ainsi.

Rapport sur le budget des dé-penses du 18 juin 1828.

(*Page* 6.) Nous n'avons pas trouvé que les traitemens, sauf quelques emplois supérieurs, fussent trop élevés... Les employés réellement actifs et utiles ne sont pas trop rétribués.

(*Page* 7.) Un des moyens d'économie les plus importans, c'est la suppression des cumuls de traitemens.

(*Page* 13.) La commission n'a pas jugé devoir prendre en considération, la réclamation des cours royales de cinquième classe.

(*Page* 18.) Les emplois supérieurs des affaires étrangères exigent des connaissances spéciales, et la plus grande discrétion. Ce serait une économie imprudente et mal entendue de réduire leurs appointemens.

Rapport sur le budget des dé-penses du 23 mai 1829.

(Page 14.) Le traitement des chefs, sous-chefs et employés, est trop considérable.
(Page 22.) La quotité des traitemens est susceptible de réduction.

(Page 5.) On ne cumule qu'à Paris, et l'application la plus sévère des règles ne fournirait pas une économie de plus de 200,000 fr.

(Page 13.) Nous exprimons le vœu que les traitemens de la 5e classe des Cours royales soient réglés sur les bases de la 4e.

(Page 14.) Votre commission a été frappée de l'élévation des traitemens et de l'inutilité de plusieurs emplois; elle ne voit pas la nécessité de maintenir les traitemens actuels des chefs et sous-chefs de division, et même des emplois inférieurs; elle vous propose un retranchement de 70,000 fr.

(*Page* 19.) Pour ne pas sortir de la réserve que prescrit tout ce qui touche à la diplomatie ; nous nous bornons à dire que les explications données, nous ont convaincu qu'il n'y avait aucune réduction possible à faire sur les dépenses des agens diplomatiques.

(*Page* 20). Votre commission pense qn'aucun motif ne saurait vous dispenser du devoir de ramener les dépenses secrètes, à la quotité suffisante ; en conséquence, elle vous propose une réduction de 5oo,ooo fr.

(*Page* 26.) Quant à l'enseignement primaire, votre commission se borne à dire que le plus puissant des encouragemens, c'est la liberté, et que ce n'est pas de l'argent, mais une protection déclarée, qui pourra assurer son développepement.

(*Page* 4o.) Votre commission n'a pas jugé que les dépenses départementales fussent en général, susceptibles de réduction.

(Page 15.) La commission n'a pas été convaincue de la nécessité de conserver toutes les légations ni tous les emplois qui s'y rattachent, et elle vous propose une réduction de 121,000 fr.

(Page 17.) D'après l'assurance donnée par le ministre, votre commission vous propose l'allocation du crédit entier de 7oo,ooo fr.

(Page 20.) Malgré la répugnance de votre commission à augmenter les dépenses, l'extrême importance de l'objet, lui a fait une loi de consentir à l'augmentation de 5oo,ooo fr. L'encouragement est encore bien modeste sans doute, comparé au but qu'il veut atteindre.

(Page 28.) Les traitemens des préfets sont évidemment hors de proportion avec les autres traitemens : votre commission vous propose de les réduire d'un dixième.

(*Ibid.*) Cependant, les abonnemens des préfets pourraient se prêter, peut-être, à quelques économies.

(*Page* 47.) Il s'est élevé quelque doute sur l'utilité des agens chargés de recueillir des renseignemens sur l'état du commerce et de l'industrie.

(*Page* 48.) L'encouragement des primes pour la pêche est utile, et il y aurait de l'inconséquence à le supprimer ou même à le réduire.

(*Page* 54.) La section III est relative à la maison militaire du Roi, et la dépense est fixée par un abonnement.

(*Page* 55.) Les articles relatifs à la solde, ne nous ont pas paru pouvoir donner lieu à aucune objection.

(*Ibid.*) Il y a lieu, dans l'intérêt du service public, de restituer aux abonnemens de préfecture, les 155,000 fr. qui en avaient été retranchés l'an passé.

(Page 31.) Vous avez refusé l'allocation d'un crédit de 74,000 fr. pour les frais de tournée d'agens commerciaux. Aujourd'hui le ministre demande 24,000 fr. pour cet objet, et la commission a été amenée à les lui accorder.

(Page 32.) Des doutes ont été exprimés dans le sein de la commission sur la juste mesure des primes accordées à la pêche.

(Page 35.) Le crédit demandé pour la maison militaire du Roi est le chiffre d'un abonnement fixé. Cependant la commission espère que le gouvernement trouvera le moyen de diminuer cette charge.

(Page 36.) Il nous appartient d'engager le gouvernement à négocier la réduction de la solde suisse..... L'organisation de la garde royale est une des causes principales de l'exagération des dépenses de notre Etat militaire.

(*Page* 57.) Les places en général, et surtout celles de première ligne, ne sont pas sans doute à l'état d'entretien, mais elles n'en sont pas pour cela moins susceptibles de défenses.

(*Page* 40.) Nous demanderons si parmi les 138 places fortes, il n'en est pas un grand nombre que l'on entretient bien moins pour la défense du pays, que pour conserver des emplois.

(*Page* 58.) Il résulte des renseignemens fournis, qu'une somme de 80 millions, payable en huit années, suffirait pour la réparation des places utiles, et même pour la construction de places nouvelles.

(*Page* 39.) Un travail du ministre de la guerre élève à 397 millions la somme nécessaire pour la mise en état des places fortes, et la création de quelques nouvelles.

(*Page* 62.) La puissance maritime est pour la France un élément principal de prépondérance politique. Cette vérité long-temps étouffée, commence à se faire jour. On entrevoit enfin que les mers vont devenir l'arène de l'ambition des peuples et le théâtre de leur gloire.

(Page 42.) La Marine est poussée chez nous à un développement disproportionné avec nos besoins et nos ressources..... En lisant cette longue énumération de prétendus besoins, on se demande s'il est de l'intérêt bien entendu de la France, de s'imposer de si durs sacrifices.

(*Page* 64.) Le cadre des officiers de vaisseaux est incomplet, excepté pour les capitaines de frégates....... Pour les enseignes et les lieutenans de vaisseaux, l'insuffisance est démontrée.

(Page 44.) Tous les crédits du chapitre du personnel excèdent ceux de l'année dernière par suite de l'augmentation exagérée de nos armemens.

(*Page* 68.) Le but est d'avoir 40 vaisseaux et 30 frégates prêts à entrer en armement.... loin qu'aucune réduction soit proposée sur les travaux de la flotte, votre commission regrette que les circonstances ne permettent pas d'affecter des crédits plus élevés.

(*Page* 81.) L'ensemble des rétributions des receveurs généraux ne monte plus qu'à cinq millions environ, ce qui ne fait qu'un quart pour cent ; il n'est pas de banquier, qui pût s'en charger au même prix.

(*Page* 82.) Les payeurs exercent un contrôle utile ; il est de principe que la recette et la dépense doivent ne pas être dans les mêmes mains.

(Page 10.) Les préparatifs sont faits pour que nous ayons une flotte de 280 bâtimens ; c'est bien du luxe, et il semble qu'on ait déja oublié les suites funestes qu'entraîne le prestige d'une fausse grandeur.

(Page 50.) Des réductions ont eu lieu sans que le service en ait souffert : Est-on arrivé à la dernière limite ?

(Page 51.) On peut restreindre sans inconvénient le service des payeurs, et réduire de cent mille francs le crédit demandé.

Rapport de 1828, sur le budget des dépenses

(Page 37.) La somme de 540,000 pour secours aux bureaux de charité, aux maisons d'éducation, etc., est mise à la disposition de l'intendance de la Maison du Roi, qui en fait la distribution..... La commission a cru ne pas pouvoir, sans manquer au devoir de maintenir la régularité dans l'emploi des deniers publics, se dispenser d'exprimer l'opinion que ce crédit doit être annulé.

(Page 39.) Les écoles d'équitation sont des entreprises particulières qui doivent pouvoir se soutenir par elles-mêmes. Votre commission croit donc convenable de retrancher la somme consacrée à leur secours.

(Page 50.) Quelle que soit la valeur des avantages retirés des camps de manœuvres, votre commission dont le devoir principal est de compter exactement, n'a pas dû négliger de la comparer avec celle des sacrifices au prix desquels on les achète.......... Elle a jugé que la situation de nos finances prescrivait de renoncer, au moins momentanément, aux dépenses auxquelles donnent lieu les camps de manœuvres. Nous avons consulté le ministre sur la distribution de cette réduction, et, cédant à une partie de ses objections, nous l'avons bornée à 441,927 fr.

(Page 57.) Le ministre redemande 83,590 fr. dont il fonde la nécessité sur le renouvellement des remontes, dans la proportion du septième de l'effectif. Il est certain que dans la cavalerie des autres nations, le remplacement annuel n'a lieu que sur la base du huitième : il n'y a aucune raison pour qu'il n'en soit pas de même en France. Votre commission propose la suppression de cette somme.

(Page 65.) Les établissemens de La Chaussade et d'Indret ont fourni une nouvelle occasion de s'élever contre la fausseté du système, de faire fabriquer des objets que l'industrie particulière fournirait en aussi bonne qualité et à bien plus bas prix...... Ces considérations ont décidé votre commission à réduire à moitié le crédit des forges de La Chaussade et à supprimer en entier celui de la fonderie d'Indret.

Rapport de 1829, sur le budget des dépenses.

AFFAIRES ETRANGÈRES.

(Page 14.) La commission continue à ne pas voir la nécessité de maintenir au-delà de 20,000 fr., le traitement des chefs de division, au-delà de 9 ou 10,000 fr., celui des sous-chefs et de même des emplois inférieurs. Bien moins encore conçoit-elle qu'il faille quatre rédacteurs, etc., etc.; et qu'un publiciste soit indispensable dans une administration où la science du publiciste doit être l'étude de tous les employés supérieurs. Elle propose un retranchement de 70,000 fr.

(Page 15.) La commission ne s'est pas convaincue de la nécessité de conserver toutes les légations et tous les emplois qui s'y rattachent, et elle vous propose une réduction de 121,000 fr.....

L'utilité des consulats généraux dans la plupart des grandes résidences politiques lui a paru contestable..... Elle n'hésite pas à signaler les agences établies à Marseille et au Hâvre, comme étant complètement inutiles, et elle vous propose une réduction de 29,000 fr.

(Page 16.) Les traitemens accordés aux agens qui n'ont pas assez de services pour obtenir une pension de retraite, ont été combattus en principe : il nous a paru contraire au bon ordre, qu'il existât une disponibilité arbitraire, qui vaut des traitemens à des personnes qui ne sont point en effet employées. Elle vous propose une ré-duction de 100,000 fr.

(Page 16.) A l'égard des frais de service, la commission a été frappée de la facilité avec laquelle on semble se laisser aller à accroître ces dépenses. Nous vous proposons une réduction de 100,000 fr.

(*Ibid.*) L'article des dépenses diverses renferme un double emploi matériel. Nous vous proposons une réduction de 120,000 fr.

(Page 17.) Sur l'article des missions extraordinaires et des dépenses imprévues, votre commission vous propose une réduction de 100,000 fr.

INTÉRIEUR.

(Page 22.) Le nombre des emplois et la quotité des traitemens nous ont paru susceptibles de réduction. Dans le détail des bureaux, nous en avons trouvé qui nous ont paru inutiles, entre autres celui du classement....

L'utilité du conseil des bâtimens est mêlée de tant d'inconvéniens, qu'on hésite à dire si les services qu'il rend compensent l'argent qu'il coûte, et les entraves qu'il apporte aux travaux.

(Page 26.) Quant aux lazarets et établissemens sanitaires, la dépense a paru mal dirigée, les emplacemens quelquefois mal choisis, et par-dessus tout, le grand nombre de constructions de ce genre inutile. Nous vous proposons une réduction de 100,000 fr. qui devra porter spécialement sur les lazarets et établissemens sanitaires.

(Page 27.) Quant aux haras, votre commission vous propose de consentir le supplément de 66,500 fr., sous la condition toutefois que ce crédit sera exclusivement employé en achat d'étalons.

(Page 29.) Quant aux établissemens thermaux, nous vous proposons de rayer cette dépense du budget, et de la laisser aux localités qui, moyennant une rétribution tariffée, demeureront chargées de leur entretien.

GUERRE.

(Page 33.) Les traitemens des employés supérieurs sont trop élevés ; le nombre des employés inférieurs est trop considérable, notamment dans les bureaux des décorations et des graces, de la correspondance générale et des hôpitaux.

(Page 34.) Les opérations de la nouvelle carte de France constituent l'occupation presque exclusive des ingénieurs géographes, et votre commission s'est demandé si les avantages de la confection de cette carte sont en proportion avec l'argent et les années qu'elle consomme.

(Page 35.) Le chiffre de l'abonnement de la maison militaire du Roi a paru élevé : sans doute elle n'est plus étrangère à l'armée, et l'abonnement contributif a eu pour base l'assimilation des grades correspondans. Cependant la commission espère que le Gouvernement trouvera le moyen de diminuer cette charge.

(Page 36.) L'article relatif à l'infanterie a provoqué un examen sérieux des capitulations qui ont jusqu'ici placé des troupes suisses dans les rangs de l'armée fran-çaise, avec une solde supérieure. L'intérêt politique comme l'intérêt financier a paru contraire à cet état de choses. La question politique appartient au Roi, juge suprême des besoins du service et de l'utilité des traités. Toutefois il se plaît à consulter les vœux du pays; il sait les reconnaître encore, lors même qu'un sentiment de conve-nance en retient l'expression.

(Page 37.) L'organisation de la garde royale est une des causes principales de l'exagération des dépenses de notre état militaire : un régiment tout entier d'artil-lerie paraît trop nombreux pour ce corps. Nous espé-rons que cette partie du service trouvera sa place dans l'ensemble de la réorganisation de l'armée.

(Page 38.) Les effets de campement nous ont paru présenter des frais trop élevés de manutention et de garde. Nous proposons une réduction de 40,000 fr....

Les hôpitaux nous ont paru surchargés d'un état-major trop nombreux. Il est fâcheux que les malades dans les hôpitaux de la guerre coûtent trois huitièmes en sus des hôpitaux civils. Votre commission propose une réduction de 92,000 fr....

Le chapitre VI a pour objet les dépenses du re-crutement : nous vous proposons une réduction de 68,000 fr.

(Page 39.) Votre commission a été frappée de l'ac-croissement des dépenses qu'entraînent les marches des troupes trop multipliées, et propose de refuser l'aug-mentation de 36,000 fr. pour les convois militaires, de 17,000 fr. pour les transports généraux et de 51,000 fr. pour les indemnités de route.

(Page 40.) Les réductions opérées à la Flèche et à Saint-Cyr n'ont point été faites sur une échelle assez large pour proportionner la dépense, à l'utilité réelle de ces établissemens. Celui de la Flèche ne remplit pas son but ; et ce but lui - même est attaqué par de puissantes considérations.... Nous vous aurions proposé sur-le-champ la suppression du crédit demandé , sans la crainte de nuire à des études commencées : nous nous bornons à nous prononcer pour la suppression de cette école.

(Page 41.) Le gymnase militaire est un établissement qui présente peu d'utilité , et dont nous aurions demandé la suppression, s'il n'existait un traité jusqu'en juillet 1830....

Les dépenses du dépôt de la guerre qui comprennent une autre allocation pour l'achèvement de la carte de France, nous ont paru exagérées....

L'administration hésite : le ministre attend le résultat de nouvelles délibérations ; pour nous, Messieurs, qui n'hésitons pas , parce que nous voyons un avantage évident dans le système d'approvisionnement du salpêtre par le commerce, nous vous proposons, pour déterminer l'issue des délibérations auxquelles on en appelle encore, une réduction de 150,000 fr.

A. PIHAN DELAFOREST,
IMP. DE MONSIEUR LE DAUPHIN ET DE LA COUR DE CASSATION,
rue des Noyers, n° 37.